いのちのゆくえ 医療のゆくえ

佐々木恵雲
Sasaki Eun

法藏館

いのちのゆくえ　医療のゆくえ　目次

第一章　現代医療の諸問題

第二章　高齢社会の諸問題

いのちのゆくえ　医療のゆくえ

第一章　現代医療の諸問題

一　医学と医療

医学と医療とよくいいますが、一般の人をはじめ、医療者の中でも医学と医療ということばが混同されて使われています。実は医学と医療というのは違ったものなのです。非常に近しい関係にあるわけですが、医学と医療はある意味ではまったく違った要素をもっているわけです。たとえば英語でいいますと、医学は medical science と訳します。Science なのです。科学の一分野なのです。医療というのは medical therapy。ですから、あとでサイエンスとアートというお話をしますが、あくまでサイエンスという立場を崩さないようにするのが医学ですが、医療というのはアート、いわゆる芸術的な要素をもっており、たんに科学という側面だけでは割り切れない点があるのですね。

臨床は生き物

最初に、臨床は生き物というお話をいたします。医療の現場そのもののことを「臨床」と、我々医療従事者はいいます。たとえばアメリカの一流の雑誌に載っていた一九七七年の論文に、西洋医学がどれくらい病気やけがに対して有効かというのを正確な統計で示した論文があります。それをみますと、病気やけがの八〇％は安静にて自然治癒力で治っていると。そして約一二％が近代医療、いわゆる西洋医学というのが劇的な効果をもたらした。すなわち治ったということですね。なんとあと残りの八％は西洋医学といいますか、近代医療のせいで悪くなったという報告があります。機械を修理するように人間の体を治療することはできません。これが臨床が生き物たるゆえんですね。計算どおりにはいかないのです。医療側がうまくいくだろうと思っていても、結果はうまくいかないことがある。十分な治療を施行しても患者さんが良くならないということもあり得るわけです。

一つ具体的なお話をさせていただきます。みなさん虫垂炎というのはご存知でしょうか。俗称は盲腸といいます。盲腸で手術された方も何人かおられるのではないでしょうか。盲腸というのは正式には虫垂炎といいます。人が食べ物を食べると、食道から胃を通り、十二指腸に入り、そして小腸から大腸を通って、最後に肛門から便として出てきます。大腸の始まりのところが盲腸というところなのですね。この盲腸の側壁に小さな袋のようなものがありますが、これが虫垂といいまして、ここに炎症を起こすのですね。これが虫垂炎、俗称盲腸というわけです。

みなさん盲腸なんて医者だったらだれでもすぐわかるというふうにお思いかもしれませんが、実は盲腸すなわち虫垂炎と診断をつけるのは、なかなか一筋縄ではいかないむずかしいことなのです。盲腸といいますと、どこが痛くなるかご存知ですか。そうですね、右の下腹が痛くなったら、盲腸かもしれぬと私も小さいころから思っていました。たしかにこのおへそから右下、このあたりが痛くなるのが盲腸の特徴だと、知識ではそう習うわけですが、実は実際の現場、臨床で経験しますと、最初に痛くなるのは、ちょうどみぞおちのところの場合が多いのです。はじめはみぞおちのところがなにかもやもやするような症状ではじまって、だんだん痛みが右下腹部に移ってくるケースが多いのです。そうしている間に、右下腹部が痛くて痛くてたまらなくなり、病院に駆け込みます。するとその病院の医者から、これはすぐ手術ですねと言われます。

ある患者さんはびっくりして、「実は二日前に別の病院に行ったのですが『みぞおちが痛いようだから、胃が悪いんじゃないですか』ということで胃薬を持って帰されたのです」と話されます。「残念ですが胃ではなく虫垂炎です」と言われて手術したという人もたくさんおられるのです。そうなると、前の医者はなんていうやぶなんやと言われるわけです。すぐ手術しなければ命にかかわるといわれているのに、どうして二日前に行った病院は盲腸もわからなかったのか。

しかし虫垂炎の最初の症状はみぞおちのちょっとした違和感からスタートすることが多いのです。このときに虫垂炎を疑うというのはやはりなかなかのテクニックと経験が要るわけです。右下腹部の痛みという時点まできてしまえばどんな医者でも大概わかる。そう見落とさないわけです。しかし、みぞおちの違和感という時点で盲腸すなわち虫垂炎を疑うかどうかというのは、これは現場の経験、総合的な知識が必要ですし、なにか勘というものも大切なわけです。〝何かおかしいな〟〝これは危ないな〟という感覚、感性も臨床すなわち医療の現場には大事なのです。

サイエンスとアート

医学がサイエンスであるならば、医療はアート的な要素があるといってさしつかえありません。サイエンスという点からいえば、虫垂というのはちょうど右下腹部にありますから、ここに炎症を起こしたら痛くなるのは当然です。一方実際の虫垂炎のはじまり、炎症の初期の症状というものは、こういう痛みを関連痛といいますが、炎症とは別のみぞおちといった別の部位からはじまることも多いのです。これが医療です。医者の肩を持つわけではないですが、そう簡単にやぶか名医かを決めることはむずかしいのです。アートとしての医療は白黒つけるようにそう簡単に割り切れるものではないのです。

簡単に割り切ることができないことは虫垂炎の診断のような医療に限らず、さまざまな現場の中で起こりうることなのです。

たとえば介護の現場でも、介護と医療というのはまったく別物だと思われている方も中にはおられるかもしれませんが、決してそういうものではないのです。そんなに簡単に、医療が終わったからこの人は介護と割り切れるものではないのです。介護を要する方にもあるときには医療が必要になってくる場合もあり得るわけです。ですから、医療と介護は本来、もっと密接に関連していなくてはいけないのですが、現実としていまの日本では両者がまだうまく連携していない。残念ながらこれが現実だと思います。

医療と介護がお互い完全に独立して存在しているのではなく、患者さんを中心に医療と介護が互いに深く結びあっていることが理想であり、本来の姿であるという視点を持つことが将来とくに大切になるのではないかと思います。医療者、介護者からの立場ではなく、医療にたずさわる者も医療を受ける者、介護を受ける者からの立場に立つことが重要ではないでしょうか。

西洋医学 VS 東洋医学

西洋医学と東洋医学。将来、この両者がお互いに助け合っていくことが理想であることはいうまでもありません。ただ、西洋医学と東洋医学というのはまったく違うものであるということも理解していただきたい。

最近、西洋医学と東洋医学を融合したり、合体することができれば、すばらしい医療が実現するだろうとおっしゃる方もおられます。しかし、東洋医学にたいへん造詣が深い先生にその点についてうかがってみると、東洋医学と西洋医学はそう簡単に融合できるものではないとおっしゃいます。東洋医学は中国の数千年の歴史をもった東洋哲学をベースにしてきた医療であって、インドのアーユル・ヴェーダ医学とならび伝統医療のひとつです。それに対し西洋医学、西洋医療というのは、歴史としてはまだ数百年の歴史しかないですが、とくに近代科学をベースとして進歩してきた医療であって、東洋医学とはその成り立ちからまったく違うものなのです。

参考までにお話ししますと、西洋医学というのは人間機械論、すなわち人間を機械として考えていく、一つの部品として考えていくという立場なのです。一つ一つの要素をさらに一つ一つの細かい要素に分けて考えていく。分析的に深く深く考えていく。これを要素還元主義という言い方をします。具体的なお話をしますと、たとえば臓器移植にしても、あるいは最近の遺伝子治療、再生医療といったものも、基本的には悪いところを取り代えようという考え方なのです。たとえば心臓移植。心臓が悪くなったら心臓を取り代えよう。腎臓移植も腎臓が悪いから別のものに代えよう。つまり一つ一つの臓器をある意味では一つの部品としてみて、その部品が故障すればその部品すなわち臓器を取り代えようと考える。これが良いも悪いも西洋医学、西洋医療の基本的なスタンスです。

それに対して東洋医学の基本となるのが生気論という考え方です。要素一つ一つをばらばらにするのではなくて、全体を見ようという立場なのです。人間の身体と心を別々のものと考えるのではなく、本来身体と心は一つのものであり、身体と心のバランスが崩れたときに人は病になるとしているのです。また西洋医学、西洋医療はがんや生活習慣病といった〝病気〟を対象としているのに対して、東洋医学は〝病人〟を治療の対象としているのです。これはどちらが良い悪いとはいえませんが、ここに西洋医学と東洋医学の違いがあります。

ですから西洋医学と東洋医学の違いと特色を認識した上で、臨床という患者さんを救う現場の中で両者がお互いに手を携えて協力していける体制がとれるようにすることがこの二十一世紀の一つの大きな課題だと考えております。

宗教と医療

宗教と医療も、西洋医学と東洋医学の場合と同様に、患者さんを対象とする医療現場において、手を取り合うことが可能です。宗教と科学となりますと、これはいろんな問題点があって、ある意味では対立してくる場面も出てきます。一方なぜ宗教と医療が協力できるかというと、宗教も医療も人の「生老病死」の解決が究極の目的であり、それが共通のテーマだからです。この協力関係が仏教と医療ならば「ビハーラ」であり、キリスト教と医療ならば「ホスピス」であります。ビハーラあるいはホスピスのお話は後述いたしますが、宗教と医療は、医療という現場の中では協力できるということを頭に入れておいていただきたいと思います。

二　「病気を見る」から「病人を見る」へ

ここでのテーマは「病気を見るから病人を見る」です。

みなさんは「最近の医者は病気ばかり見ていて病人のことを全然見てない」とお聞きになったことはありませんか。「病気のことには熱心だけれども、病人のことは親身になってみてくれない」。これはマスコミなどでよく批判されることばです。

お金で変わる医療

ところで十八世紀のフランスのパリではこんなことがありました。そのころは金持ちの貴族と貧しい人の間に貧富の差がすごくありました。金持ちは最高の医療が受けられ、貧しい者は医療が受けられないという状況があったのです。そういう状況の下、フランスの医療者の間では現代の日本とは逆に、「病人は見るな、病気を見よ」といわれたそうです。たとえば風邪ならば、金持ちであろうが貧しい人であろうが同じようにかかります。当然そうですよね。しかし十八世紀以前のパリでは金持ちは十分な治療を受けられるが、貧しい人たちは治療を受けることもできない。病人の貧富の違いで治療が変わるということに対する反省から、同じ病気ならば同じ治療を受けることができる医療を目指そうと「病人を見るな、病気を見よ」といったスローガンが掲げられたのです。その点からみれば、一九六一年に成立した日本の国民皆保険制度というのはすばらしい制度で、これのおかげで日本ではお金があるなしにかかわらず、同じ病気ならば同じ治療を受けられるのです。これは非常に大事なところです。

最近、アメリカの医療が最高だとマスコミなどでよくいわれていますが、実はアメリカの医療は国民皆保険制度が完全に崩壊しています。そのため、みんなが個人保険に入り、それで医療を受けます。そうすると、多額の保険をかけている人は非常に高度な医療が受けられます。しかし、お金がなくて全然個人保険に入れない人もいます。そういう人は、まったく医療が受けられない。実際、たまたま多額の保険をかけていなかったので病気を見落とされそうになったという例も報告されていました。貧富の差によって受けられる医療が違うというのは非常に大きな問題です。ですから、一概に「アメリカの医療が最高であって、日本の医療が非常に貧しい」という言い方は、私はまったく本質を見ていないと思います。日本の医療は最高とは言えないかもしれませんが、「バランスのとれた優れた医療である」ことには違いないと思います。

疾病 disease と病 illness

そういう経済的な側面は別としますと、いま問題となっているのは、疾病と病にどう対処するかということです。

疾病を英語でいいますと disease です。これはいわゆる医学の定義する病気です。これは医者が得意とするところです。たとえば「気管支ぜんそく」とか「糖尿病」とか、病気の診断をつけることは得意です。医師はこれを徹底的に訓練する教育を受けていますから、この人はどういう病気を持っているか必死になって考えます。しかし病、英語でいいますと illness ですが、これは「何となく具合が悪い」「軽いめまいがする」「疲れやすくて食欲がない」「眠れない」といったいわゆる不定愁訴です。Illness は患者さんが感じる不調であり、悩みでもあるのですが、はっきり言いまして、いまの西洋医療、近代医療の illness 対応はまったくうまくいっておりません。

覚えておいていただきたいことは〝西洋医療は万能ではなくて、得意不得意がある〟ということです。西洋医療は原因がはっきりしている疾病 disease は得意です。たとえば細菌が原因の感染症なら抗生剤投与、がんならば手術で切除するという具合です。一方いろいろな検査をしても原因がはっきりしない不定愁訴 illness はお手上げ状態ということが多いのです。

しかしこの不定愁訴 illness の背景には個人の問題だけでなくさまざまな問題が控えていることがあるのです。たとえば持病の糖尿病も安定していた五十歳代の女性の方がある日なんとなく体調不良を訴えられ、検査すると糖尿病の状態もやや悪くなっている。おかしいなと思いゆっくり時間をかけて話をすると、子どもさんの結婚問題が大きな心の重荷になっていることが分かり、それが徐々に解決するにつれて本人の状態も安定してくるということがあるのです。こういったバックグラウンドは子どもさんの受験問題、嫁姑の問題、夫婦間の問題といった家族の問題だけでなく、急に自治会の役員になったといった社会的な問題の場合もあるのです。私たち医師はどうしても疾病 disease に目がいきがちですが、本当に患者さんを、病人をみるということは、こういったバックグラウンド、背景にも目を向ける必要があるのです。

ただ現在の医療状況の中で、そこまでしっかり診療をするには時間がたりない。たとえば今の医療は〝三時間待って三分診療〟と揶揄《やゆ》されますが、みなさん考えてみてくださいね。三分診療といいますけれども、午前中で三時間、九時から十二時まで診ようと思うと一八〇分ですよね。その一八〇分に担当の医師が三十人診るとします。一人一〇分診ていたら三〇〇分かかるでしょう。そうすると、三十人全員診るには五時間かかりますから午前中で終わるのは不可能です。当然患者さんの待ち時間も長くなってくる。医療側も患者側もどちらも疲れてきて、みんなイライラしてくるという悪循環に陥ります。

アメリカの医者に「日本の医者は午前中に三十人診ている」と話すとびっくりします。アメリカの医者は午前中に五人か六人ぐらいしか診ないそうです。これは国民のだれもが簡単に病院を受診できるという優れた日本の保険制度の負の側面といった問題かもしれませんが、とにかくさまざまな問題点があり、病気ばかり見ていて病人を総合的に見ることができていないというのもたしかな現実であると理解していただきたい。

応病与薬を現代に

将来の展望について少しお話しします。古来より釈尊は〝大医王〟すなわちお医者さんの王様であると伝えられてきました。釈尊は人の素質、生活状況、年齢、いろいろなことに応じて説法されました。これは「対機説法」と言われています。そこでそれぞれ違った悩みや苦しみを持った患者さんに一番適切な薬＝説法を投与するということで「応病与薬」ともよばれています。今後の医療がどうあるべきかを考え、模索する中で、こういった「応病与薬」という、釈尊がやっておられたことを現代に生かせないかと私は考えています。

具体的に言いますと、画一的な治療ではなく一人一人の体質、遺伝、環境に応じた治療を行う。現在ゲノムや遺伝子情報が解読される中で、個人の遺伝情報に基づいた「オーダーメイド医療」が今後可能になってくるのではないかという夢が語られ、実際の医療現場でも一部現実のものとなっています。これは言いかえてみれば、まさに釈尊のおっしゃった「応病与薬」というものを現代に生かしていこうというやり方です。まだまだ道は遠いです。ただ世界の目は、そういった方向に注がれているのではないかなと考えております。

現代医療の反省点についても少し触れておきます。「西洋医学では最高の医療が最善の医療とは限らない」ということを医療者の方々に言いたいです。これは非常に重い言葉です。

アナウンサーの逸見政孝さんをみなさんご存知ですね。胃がんで亡くなられました。一度手術をされ、二度目は某大学病院で大手術を受けられました。胃を全部取り除き、脾臓など他の臓器も切除されました。その後この手術に対し、いろいろと論争がありました。「そこまでやる必要があったのか」「もっと保存的な治療で良かったのではないか」「そんな大手術をしなくて、ぎりぎりまで痛みがあれば麻薬を投与するなりして仕事されたらもっと仕事ができたのではないか」という声もありました。その教授というのはゴッドハンドといわれるほどの名医で、胃がんに対して、最高のスタッフと最高の治療をされたと思います。ただ、逸見さんにとってこれが本当に最善の治療だったかどうかということは、本人、家族なりが判断すべきことであり、部外者が言及すべきことではありません。ただ私たち医療者は常に謙虚に、「最高の医療が必ずしも患者さんや家族にとって最善の医療とは限らない」ということをこころに留めておきたいものです。

三　インフォームド・コンセント vs パターナリズム

インフォームド・コンセントとパターナリズムのお話をいたします。

インフォームド・コンセントというのは、みなさんお聞きになったことがおありですか。これは日本語でいえば「説明と同意」と訳します。お医者さんが説明して患者さんが同意することによってはじめて医療が成り立つと、日本ではやや安易に考えられています。

本来は患者さんが、

1　理解する力と決定する能力を持ち

2　他者の支配を受けず、自発的に決定できる状況において
3　医師から十分な情報を開示され
4　提案された治療を受けるよう勧められて
5　説明された内容を理解した上で
6　その治療を受けることに決めて
7　その治療に同意をあたえる

といったように患者さんの自己決定権をできるだけ尊重した、いわゆる「患者の自己決定権医療」の基礎となっている考えなのです。

それに対し、パターナリズムというのは、日本語でいえば「家長主義」と訳します。昔のお医者さんというのは患者さんに対して非常に権威的で、いまでもそういう方がおられますが、「おれが病気を治してやるからごちゃごちゃ言うな、おれについてこい」といった姿勢で患者さんに対応することをパターナリズム、家長主義とか温情的干渉主義ともいわれます。実はアメリカでも一九六〇年代前半頃までは、医師たちもパターナリズムに沿った形で治療を行っていたことが多かったのですが、患者さんの権利を守ら

なくてはいけないという流れの元に、インフォームド・コンセントがどんどん浸透し、もし現在パターナリズムの姿勢で患者さんに接したら、これは大変なことになります。

インフォームド・コンセントは完璧か

その後日本でも急速にこの流れが押し寄せ、インフォームド・コンセントは当然であり、パターナリズムなどとんでもないと一部では考えられていますが、日本ではまだアメリカのようにインフォームド・コンセントが完全に浸透しているとは言いがたいと思います。たとえばお医者さんにむかってこう言われた方もおられるのではないですか。「先生、私、いろいろお話聞かされてもよくわかりませんから、先生を信頼してお任せします」と。これは「お任せ医療」という言い方をします。日本人独特のものでしょうが私は一概には悪いとは思いません。

インフォームド・コンセントが徹底しているアメリカの医療は非常にドライです。医者がいくつかの治療の選択枝を提供して患者さんが自ら治療法を選択する。「私には決めることはできません」なんて言えないのです。つまりインフォームド・コンセントの裏にあるのは、先程も述べましたように〝自己決定〟ということなのです。最近の先端医療の問題も全部そうですが、なににもまして個人の自己決定がもっとも優先される。これがアメリカの医療の根底にあるわけです。

それに対し日本の医師と患者の信頼関係を軸として、個人だけでなく家族を交えた人のつながりの中で物事を決めていくというやり方はあいまいですが、決して捨てたものではありません。この二つの流れをどうまとめあげていくかが今後の大きな目標です。

ヒポクラテスの誓いとバイオエシックス（生命倫理学）

〝ヒポクラテスの誓い〟とはギリシャ時代にヒポクラテスが、医療について言及したことばで、いまでも医療の基本となっている教えです。内容は「私の能力と判断に従って、医術の療法を病める人を助けるために用いますが、決して人を傷害したり悪いことをする考えで悪用はいたしません。また、たとえ頼まれても有害なものをだれかに投薬したり、そのようなことをするようにとだれかに指示したりもいたしません」というものです。もしお医者さんがなにか悪意を持って治療するとしたらみなさんたまらないでしょう。当然ヒポクラテスの誓いは医療の基本です。

ただ、ヒポクラテスの誓いは〝患者さんが自己決定する〟なんてことには一言も触れていません。患者さんの自己決定を尊重するという考えは、ヒポクラテスの時代には存在していませんでした。患者の自己決定権が注目されたのはごく最近の一九六〇（昭和三十）年代のアメリカからです。これがバイオエシックス、生命倫理学という学問につながってきています。

よく誤解されますがこの生命倫理学は人間として守るべき道を示しているのではなく、自律した個人それぞれの考え方を大事にしようという動きであり、〝契約〟と〝権利〟がその根底にあります。たとえばがん告知の場合は患者には「知る権利」があり告知は義務です。

このヒポクラテスの誓いというのは不易の倫理の一つです。不易というのは変わらないということであり、「不易の倫理」とは生きていくうえで非常に基本となる考え方です。流行というのは時代の流れとともに変わる価値観ですから、バイオエシックス（生命倫理学）、インフォームド・コンセントは「流行の倫理」であり、一定不変ではなく、今後も変化していく可能性があります。そのポイントとなるのは〝自己決定〟ということです。これを頭に入れておいていただきたいと思います。

四　脳死・臓器移植

脳死・臓器移植の問題もまだ決着はついておりません。仏教界でも、真宗大谷派は反対ということで、ほぼ統一した見解を出されていますが、浄土真宗本願寺派の方はいろいろな意見がありまして、いまだ統一見解はでておりません。しかしそれは必ずしも悪いことではない、議論を重ねる余地がまだまだ残っていると考えております。

まず〝死〟というものをみなさんと考えていきたいと思います。

死のとらえ方

大切なことは、死というものは簡単に割り切れるものではないということです。死というものは点（ポイント）ではなくて、過程（プロセス）であるというふうに理解していただきたい。

明治以来医師に与えられている権利というのは死亡宣告を下し、死亡診断書が書けることです。これは医師にしかできず、医師以外がすると罪に問われます。医師は家族に死亡を告げ死亡診断書には何時何分死亡と書きますが、ただ総合的に死を考える上で死というものは、そんな何時何分といったポイントでとらえられるものではありません。

死を受け入れるということ

最近、いろいろと痛ましい殺人事件があります。二〇〇一年に起きた池田の小学校での大量殺人事件。あるいは一九九七年に神戸で酒鬼薔薇聖斗と名のる少年によって引き起こされた殺人事件。行ってらっしゃいと見送った子どもさんが、安全と信じていた小学校で殺されるなんてことはだれも思いもつきません。その場合、親は子どもが亡くなったとすぐ納得できるはずがありません。

大人の場合でもそうです。私の知人の三十歳代の男性ですが朝仕事に出かけて、しばらくするとなにか胸がもやもやするということで、病院を受診したら急性心筋梗塞で、すぐ入院され治療を受けられましたが、その晩に亡くなられてしまいました。お子さんはまだ三歳と五歳でした。奥さんはご主人の死を聞かされてもしばらく茫然自失状態で涙も出なかったそうです。

突然の死というものを家族はすぐに死とは受け取れないのです。たとえば子どもさんが殺人事件で亡くなられた場合、残された家族が子どもさんの部屋を亡くなった日そのままにしておく。それはどういうことかというと、心理学的にいえば、親御さんは子どもさんが亡くなったとは思えないのです。すぐに納得できるはずがないのです。それが人間というものです。それが人のこころというものです。

そのときに残された人にとって愛する人や大切な人の死というものは、亡くなって時間が随分たったら受けいれるというものではありません。人によっては何年もかかる。十年、二十年かけて死を受け入れていく場合もあるでしょう。死というものはそんなに簡単に割り切れるものではありません。これは人間として当たり前の気持ちです。

亡くなって間もない時期に「もう亡くなられてしまったのですから、いつまでもクヨクヨせずに、前向きに頑張りましょう」とは絶対に言うべきではありません。そういう時だからこそ、僧侶が葬儀、中陰をつとめ、残された人のこころに寄り添い見守ることが必要でしょうし、精神的・心理的ケアがますます要求されると思います。残された人はさまざまな人とこころを分かちあうことで、大切な人や愛する人の死を受け入れることができるのではないでしょうか。

揺れる死

脳死というものは、簡単に言いますと人工呼吸器がないと発生しない特殊な死です。人間の死の九九％は後で述べる心臓死であり、脳死は一％弱といわれています。ですからみなさんもご家族も脳死という状況にはほとんどなりえないのです。繰り返しますが、人工呼吸器があってはじめて起こる死が脳死ですから、みなさんが人工呼吸器は絶対つけないとか、家族につけさせないとあらかじめ決定されていたら、脳死というものは絶対起きません。脳死とは非常に珍しい状態であるといえます。

それに対し、普通、人が亡くなったという時の〝死〟は心臓死をさします。心臓死とは聴診器をあてて心臓が動いていない、呼吸をしていない、そして瞳孔反射がない、この三つです。これを死の三兆候といいます。脳死状態の方は、脳死というポイントを過ぎて心臓死に向かっています。だけども、脳死をはっきりとしたポイントとしてとらえられるかというと非常に難しいのです。これがよく問題になっている脳死判定の難しさです。脳死を一見診て、正確に「何時何分脳死になりました」なんて言える医者はいません。脳波やさまざまな検査を実施してようやく判定できるものなのです。

先ほど説明した心臓死というものははっきりとポイントとしてわかるかというと、これも揺れ動くものです。たとえば、二〇〇二年に愛知県の病院で五十歳代の女性が死亡宣告を受け、家族が葬儀の準備とかいろいろ駈けずり回っていると、「宣告二十分後に生き返られた」という報告がありました。これは一時期話題になり、ほとんどの新聞にも出ていました。このときこの女性は三十五度以下の低体温、いわゆる冬眠状態で発見されました。低体温のために一時期心機能が停止していたのですが、徐々に体温が戻るにつれ、心臓も動き出すということがあるのです。この働きを利用して、脳死における脳の低体温療法、すなわち体温を下げることによって脳の障害を防ぐという研究も盛んに行われています。稀ではありますが死亡宣告した二十分後に生き返るということも起こり得ます。すなわち心臓死といえども死というポイント、時点はゆれ動く可能性があるのです。

あるいは、これも二〇〇二年のことですが、京都府立医大で〝心停止のため死亡した人の心臓を機能回復させる研究〟がスタートしています。犬では一時間後に復活しているという例が出ています。心臓が止まって、そこからいろいろと薬物投与すると一時間後にまた心臓が動きだす。もしそうなると、「亡くなられました」と言われた人の心臓が一時間後にまた動きだす。けれども「この人は亡くなられておりますから、この心臓を摘出させていただきます」ということも可能になるかもしれない。となると、ますます死の判定というのは複雑化してくる。脳死判定は非常に難しい上に、心臓死といえども、場合によっては判断が困難になる可能性があります。まさに「揺れる死」です。

脳死を含め〝死〟をポイント（点）としてとらえることは、はっきり言って不可能なのです。便宜上、死亡診断書を書く時には、医師は何時何分というまるでこのポイントで亡くなられたような書き方をしますが、実際の人の死はそのようなものではありません。時代劇やドラマを見ていると、人が死ぬ場面では亡くなる直前まで話をしていて急にガクッと息を引き取ることが多いですが、そのような光景に慣れてしまうと、死がこのガクッときた瞬間にポイントに訪れると思いがちですが、実際はまったく違います。

人が死を迎えるときは、心臓の拍動、脈拍が一分間に八十回あったのが、六十回、四十回、二十回、十回というように徐々に少なくなっていく。呼吸も同じように徐々に弱っていく。そうしたゆっくりとした過程を踏んでいきます。そういう光景を見てこられた年配の方は多いと思います。でもいまは死というものを遠ざけようとしています。

死が見えない時代

昔は在宅死といって、自宅で亡くなられるケースが多かったのですが、最近はほとんど病院で亡くなられるので、小さなお子さんとか若い人は、家族が亡くなる場面をほとんど知らないのです。逆に「ああいうおじいちゃんやおばあちゃんを見せたらかわいそうだ、子どもに見せてはいけない」と言って、病院に行かせないということがあります。実際の死というものを遠ざけようとしているのが現代です。その中で徐々に徐々にゆっくりとした経過をへて人は亡くなっていくということを、とくに若い人は分からなくなってきています。医師でもそうです。いまの若い医者は、大学を卒業して医師になり、はじめて人の死を見る場合が多いのです。

最近、ネット心中という問題がでてきております。インターネットで自殺志願者を集め、集団で若者が心中するという問題です。参加する若者たちが死というものを実感として把握していないのです。おそらく一酸化炭素中毒で亡くなられていると思いますが、みんな一斉に同時に死ぬかというと、そんなことはありえません。死ぬときは多分ばらばらで死んでいくはずです。少し気分が悪くなってきたと思ったら一人先に死んでいる。不安だから、一人で死ぬのが怖いから、みんなで死のうと思ったのに、と後悔されているかもしれません。

でも、死ぬ時は一人です。「人は死ぬ時は一人でしか死ねないものだ」という真実が現代社会では見えなくなってきている。さらに現代社会は人の死そのものを隠そう隠そうとしているのかもしれません。だからこそいま一度、人の死を深く見つめ直すことがとても大切なことだと思います。

脳死・臓器移植のこれから

現在の脳死・臓器移植の大きな問題は、小児の脳死・臓器移植です。いまの臓器移植法では、法律で「遺言できる年齢が十五歳以上」とされており、十五歳未満の子どもの脳死・臓器移植は認められていません。そこで臓器移植法を改正して十五歳未満でも臓器移植をできるようにしようということで、当初の予定では二〇〇〇年には臓器移植法の改正案がでるはずだったのですが、二〇〇三年の時点でも、改正の目途はまったく立っていません。[註1]これは水面下で引き合いといいますか、戦いがあり、まだ決着がついていないのです。

決着できない理由の一つは小児の場合、脳死の判定が大人よりさらに難しいのです。小児の脳というのは非常に可逆性、柔軟性があり、ダメージを受けても戻りやすいのです。脳死状態と考えられる小児が回復するという例も報告されているのです。だから、判定がますます難しくなる。

もう一つの理由は、自己決定権の問題です。三歳の子どもに自己決定は当然無理ですから、親が決定すればそれでよしということですが、本当に親だけが決めていいのか。自分の子であっても親だけの決断で、子どもの臓器移植を認めてもいいのかという問題もあるわけです。今後ますます小児の脳死・臓器移植は大きな問題になると思います。

ある脳外科の医師は、「自分は脳死・臓器移植には賛成で、自分の臓器は提供します。しかし妻の臓器移植には賛成できません」と話しておられました。要するに、家族の臓器移植は納得しがたいということです。

人は頭だけで、理屈だけで、生きているのではありません。人にはこころがあります。人は一人だけで生きているのではありません。人はさまざまな人とつながり、支えあって生きている存在です。

死というものをどうとらえるか。死というものをポイントではなく、プロセスでとらえるべきだと思います。普通の死でもそう簡単に受け入れることができない、まして非常に特殊な脳死というものはとくに受けいれることが難しいのです。「脳死になられました。お亡くなりになりました」と言われても、すぐ受けいれることはできません。脳死・臓器移植をこのような視点からもう一度、深くみつめ直す必要があると思います。

註1　臓器移植法改正案（『読売新聞』二〇〇六年四月七日より）

脳死移植の件数は一九九七年の臓器移植法施行から計四四件（二〇〇六年四月七日現在）。年間〇～九件と伸び悩んでいる。日本臓器移植ネットワークに登録した移植待ちの患者は二〇〇六年三月末で心臓八二人、肺一一七人など提供者より圧倒的に多い。移植を受けた患者よりも、待機中に死亡した患者のほうが多いのが現状である。そのため脳死移植の代わりとして、親族からの生体移植が増えた。また現行法では脳死により臓器提供は十五歳以上という制限があるため、海外渡航し、移植を受ける子ども達が後を絶たない。

現行法は臓器提供する場合に限って脳死を人の死としている。本人が脳死判定と臓器提供に同意する意思を書面で示し、さらに家族が同意して初めて臓器提供が認められる。十五歳未満の除外規定もあり、移植医らの推進派より「移植禁止法」と批判されている。

こうした提供条件を緩和し、脳死移植の拡大を図るために、二つの臓器移植法改正案が与党議員から国会に提出された。中山太郎衆議院議員（自民）らの「家族同意案」と斉藤鉄夫衆議院議員（公明）らの「年齢緩和案」の二案である。

家族同意案は「脳死は人の死」を原則とする。臓器提供に関する患者の意思が不明でも、家族が同意すれば脳死判定や臓器提供が可能となる。したがって子どもも親の同意で提供できる。この方式は、世界保健機構（ＷＨＯ）が一九九一年に示した「臓器移植に関する指導指針」でも示されているほか、欧米でも主流となっている。

もう一方の年齢緩和案は、脳死を死と考えない人に配慮して、移植の臓器提供に限り「脳死は人の死」とする。患者の意思表示を必要とする現行法の考えを受け継ぎ、提供の年齢制限を「十五歳以上」から「十二歳以上」に緩める内容となっている。子どもから子どもへの臓器移植を少しでも増やすのが狙いである。

日本人の脳死に対する考え方はさまざまである。九〇年代初めに設置された「臨時脳死および臓器移植調査会（脳死臨調）」では激しい論議が繰り広げられた。一九九七年の法案審議でも、意見対立を経て、「移植に限って脳死は死」という内容になった。

脳死移植の拡大には慎重な意見もある。日本弁護士連合会は三月、意見書を国会などに提出した。「脳死は人の死」とする考えについて「社会的合意は成立していない」として本人による意思表示と現行より厳格な脳死判定を訴えている。一方、日本小児科学会は「小児患者の意志を親が代弁することは、子どもの人権尊重をうたう『児童の権利に関する条約』の精神に反するほか、児童虐待などのケースでは不適当」としている。

国会での審議のみならず、脳死や人の死についてもう一度国民の間でも議論を深めるべきと考えられる。

臓器移植法改正案の要点

	現行法	家族同意案	年齢緩和案
脳死の概念	臓器提供時のみ「人の死」	「脳死は人の死」が原則	臓器提供時のみ「人の死」
脳死判定・臓器提供	本人と家族の同意で可	本人の拒否がなければ、家族の同意で可	本人と家族の同意で可
提供者の年齢	十五歳以上	制限なし	十二歳以上
優先的提供	なし	配偶者間と親子間のみ	配偶者間と親子間のみ

五　生殖医療

生殖医療の問題というのは、現代の医療の中でますます大きな問題になりつつあります。先に述べました、脳死・臓器移植というのは非常に症例が少なく、まだわずか二十例弱です。実施がはじまった当初は日本で行われる脳死・臓器移植はかなりの数になるだろうと考えられていましたが、まだそれぐらいの例しかありません。というのも人の死の九九％以上は心臓死であり、脳死は一％弱にすぎません。脳死は非常に珍しい死であり、脳死・臓器移植は実施される数が少ないのです。

一方、生殖医療ということになりますと、体外受精、人工授精といった不妊治療も、脳死・臓器移植とは比べものにならない数が実施され、さらに近い将来ＥＳ細胞[註2]やクローン胚[註3]といった卵子を用いた再生医療への展開も可能性があり、まさに他人事ではなく我々みんなに降りかかってくる可能性が十分にある問題です。

授かるから作るへ

私は自分の子どもを結婚七年目に授かりました。七年間なかなかできなかったのです。私もお寺の跡取りで、みなさんもご経験がおありかもしれませんが、お寺の跡取りというのはなかなかつらいもので、子どもができないと、ご門徒の方々から「子どもさんはまだですか」とかですね、そういうことをしばしば言われます。これは私もつらいですけど、一番つらいのは女性、私でいえば妻ですね。女性の立場からいえばこれは非常につらい。というのも不妊の原因は男性、女性ともほぼ同数であり、それどころか男性側に原因がある方がやや多いのではないかと最近いわれています。

ありがたいことに七年目に授かりましたけれども、私自身も不妊の方の悩みといいますか、苦しみというのはある程度は、理解できるのではないかと思いますし、あるいは子どもを授かった喜びというものも実感できます。いずれにしても不妊というのは非常につらいことです。

昔は子どもの誕生を、「授かる」あるいは「恵み」ということばで表現されることが多かったように思われますが、最近は「作る」「子作り」ということばで表現されることが多く、なにか物をつくるようなイメージでとらえられるケースが増えてきているように思います。

若い女性の方によく聞いてほしいのですが、不妊の悩みというのは非常に大きいものでして、不妊で悩む夫婦にとって子どもをぜひとも欲しいという思いは切実なものです。その思いを否定することは絶対できません。それは尊重しなくてはいけません。

不妊治療のいま

そうした状況の中でいろいろな不妊治療というものが出てきました。人工授精ということばをお聞きになったことがおありでしょうか。人工授精とは精子を取り出し、その精子を人工的に女性の体内に注入する不妊治療です。この不妊治療はアメリカでは五十年以上の歴史があります。

人工授精で問題となるのは夫以外の男性の精子で行う人工授精、非配偶者間人工授精：ＡＩＤ（artificial insemination with donor samen）です。日本でもすでにＡＩＤで一万人以上のお子さんが生まれています。女性の側にはなにも不妊となるような問題はないのですが、男性の側に原因がある場合、夫以外の精子を使うことになります。

アメリカでもそうなのですが、たとえば医学部の学生さんとか、お医者さんの精子を使っていることが多く、これは絶対匿名にしてあります。アメリカで五十年以上の歴史があるということは、ＡＩＤで生まれた人がもう五十歳代になっておられます。そのうちの一人の男性が、「なにかおかしいな、お父さんに自分はなにか似ていないな」という疑問をもつようになり、お母さんが亡くなられるときに「実はおまえは人工授精で生まれたんだよ、本当のお父さんは違う人だよ」という話を聞いて、父親探しに出るという話があり、ＮＨＫで二〇〇二年に放映していましたが、これはなかなか切実な問題です。自分の本当の父親探しをするのですが、父親の特定は困難を極めます。従来、精子提供者は匿名とされてきたからです。これは日本でもいま非常に問題になっており、精子提供者の情報を公開すべきかどうかという、複雑な問題がでてきています。その他、世界に異母きょうだいが何十人もいる可能性があるといった問題もあります。日本でも某大学の一人の精子から、最高五十人の子どもが生まれているということが報告されています。そうすると、知らないうちに異母兄弟姉妹と遭遇するかもしれない。そういった問題もあるのです。

デザインされる子ども

最近、不妊治療では体外受精も大きな問題になっています。一九七八年世界ではじめてイギリスで体外受精による赤ちゃんが誕生しました。そのころは試験管ベビーといわれました。体外受精とは、卵子と精子を外に取り出し、顕微鏡下で受精させ、子宮内に戻すという方法です。最近では一年に一万三千人が生まれ「全出生数の百人に一人が体外受精で生まれる時代」ともいわれます。技術の発達により精子が一個でもあれば妊娠できるようになったのです。体外受精のこの技術が不妊に悩む夫婦の「どうしても子どもが欲しい」という切実な願いに限られている間はいいのですが、人間のあくなき欲望というものがその技術をねじ曲げようとしている動きがあります。

アメリカでの例ですが、ある女の子がファンコーニ貧血（先天性の再生不良性貧血）という遺伝病であることがわかり、骨髄移植を受けないと治らないといわれました。しかし型の合う提供者がみつからなかったため、両親の卵子と精子を体外受精し、その受精卵の遺伝子を調べ、女の子と合う型の遺伝子を持った受精卵を子宮に戻しました。そして生まれてきた男の赤ちゃん、弟になりますが、その子のへその緒の血液を女の子に移植したのです。

どう考えてみても、その生まれてきた男の子はお姉ちゃんを助ける道具として、へその緒の血液を得るための道具として誕生してきた。その男の子の幸せや将来は二の次です。そして自分は姉を助けるために、体外受精で生まれてきたと知ったときの気持ちはどんなものでしょう。体外受精を純粋な不妊治療とするならば絶対否定はできないし、それほど大きな問題はないと思います。しかしここまでその技術の適用を拡大しても許せるのか、認めることができるのか。アメリカでも大きな議論になっていますが、私たち日本でももっと真剣に考える必要があると思います。

さらにヒトゲノムが解読され、どこにどんな遺伝子があるかわかれば、体外受精の技術と組み合わせることにより、自分の望みどおりの遺伝子を持った子どもを得ることができるだろうといわれています。たとえば、身長が高く、目が大きくなど、まさに人間改造です。アメリカの一流の科学者の中には「僕は気管支ぜんそくがあるから気管支ぜんそくのない子どもを望む、それは当然じゃないか」という人もいます。それを「デザイナーベビー」といいますが、そんなことがはたして認められるでしょうか。

たとえば、美というものは時代によって変わっていきます。いま人気のアイドルでも、平安時代にもどれば美人とはいえないかもしれないのです。また将来そのような顔立ちが今と同じように美人だと見なされるかはまったく断定できません。美に限らず流行というものは時代とともに変わっていくものですから、現在の時点で、親が子どもに望んでいるイメージが、将来、子どもにとって理想の状態かどうかはまったく予想もつかないわけです。

一般の医療というのは、たとえば本人と医療者の間のインフォームド・コンセントで済むケースが多いのですが生殖医療の大きな問題と怖さは、一番重要な本人が〝卵〟というまったく話もできない存在だからといって、その子の将来まで親と医療側で決めてしまうことにあります。小児の脳死・臓器移植の場合と同じように親の意思、親が自己決定すればすべてOKなのかということです。そこには生まれてくる子どもの将来といった世代を超えた問題が十分考慮されていないのではないかという危惧があります。

昔の「授かる」、子どもは「授かりもの」と考える思想は、「自分のいのちは自分を超えてほかのいのちとつながっている」、あるいは「自分のいのちであっても自分で勝手に自分のいのちを扱えるものではない」という非常に日本的、仏教的なすばらしい思想につながっていると思うのです。しかし現代はこのすばらしい思いが薄れ、「自分が自己決定すればなんでもやってもいいんだ」という、なんでもありの医療になる危険性をはらんでいます。それが拡大していけば、なんでもありの社会につながっていくのではないかという危惧があります。この動きに対しては、ある程度社会全体で食い止めていかないといけないだろうし、その中で宗教のはたす役割も大きいと思われます。

自己決定権医療の今後

アメリカを中心とした現代医療は「自己決定権」を柱とした「自己決定権医療」といって差し支えないでしょう。その思想的なバックボーンである「生命倫理：バイオエシックス」も「自己決定権」をもっとも重視している学問ということからも、そのことは疑いない事実です。「自己決定権」はたしかに重要な概念ですが、万能といえるでしょうか。それがもし極端な方向に走って暴走すれば、個人が決定すればなんでも許される社会、「クローン人間」に代表されるような自己の欲望のみを肯定したなんでもありの社会になる可能性も否定できません。そのような時代だからこそ、科学技術の暴走を冷静に制御・抑制する新しい考えが必要だと思うのです。

「いのちは外から閉ざされた、個人のものである」という考えではなく、「さまざまないのちとのつながり、支えあっている存在がいのちである」という考えも大事になってくるのではないでしょうか。

プロセスとしての生と死

生殖医療が扱うことは〝死〟とは対極にある〝生〟というものです。〝死〟と同じように〝生〟もそう簡単に割り切ることができません。〝生〟のはじまりを受精卵から考えるか、あるいは胎児のある時点から考えるかという問題はいま、欧米でもっとも熱心に議論されています。おそらく〝生〟というものもポイントではっきり指し示すことは難しく、〝死〟と同様にプロセスとして考えるべきだろうと思います。

註2　ES細胞（『朝日新聞』二〇〇五年十二月二十四日より）

神経、筋肉など体のあらゆる組織や臓器に育つ可能性があるため「万能細胞」ともよばれる「胚性幹細胞」（embryonic stem sell＝ＥＳ細胞）である。精子と卵子の合体した受精卵を壊してつくるのが一般的である。人のＥＳ細胞は一九九八年に米国で最初に作製に成功した。傷ついた組織や臓器を再生する医療技術（再生医療）の開発につながると期待されるが、移植を受ける患者にとっては他人の細胞であり、拒絶反応の問題がある。また受精卵の利用は倫理的な課題が指摘されている。

註3　クローン胚（『朝日新聞』二〇〇五年五月二十日、十二月二十四日より）

提供された未受精卵の核を抜き、患者本人の皮膚などの細胞の核を代わりに入れてつくる。核の遺伝情報は同じであり、ここからのＥＳ細胞（クローンＥＳ細胞）なら拒絶反応を起こさない再生医療が可能になると期待され、世界各国の研究者が注目している。韓国ソウル大学の黄禹錫《ファンウソク》教授らが二〇〇四年に人のクローンＥＳ細胞を世界で初めて作製したと発表したが、二〇〇五年末、論文の捏造《ねつぞう》が発覚、韓国社会に大きな衝撃を与えたことは記憶に新しい。

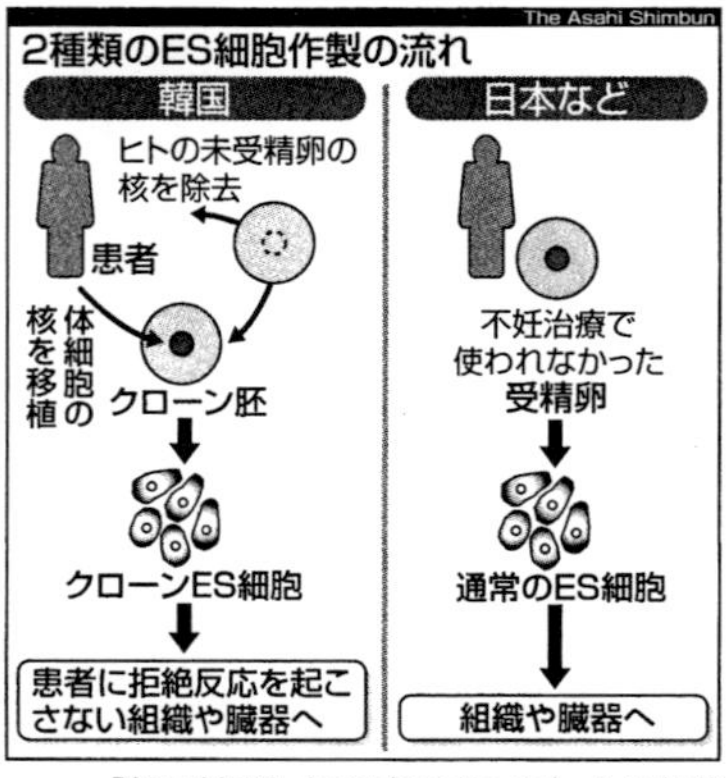

『朝日新聞』（2005年12月24日）より転載

なお、一九九六年英国で誕生したクローン羊「ドリー」はクローン胚を仮親の子宮に移植して生まれた。同様にクローン胚を人の子宮に戻せばクローン人間が生まれる。国際社会はクローン人間づくり禁止では一致しているものの、医療目的の人クローン胚研究については賛否が割れている。国連総会では二〇〇五年三月、医療目的の研究も含めて人間のクローンを全面禁止する宣言が賛成多数で採択された。人間の尊厳に反する技術として認められないとする米国やイタリア、ドイツなどが賛成した。しかし法的拘束力はなく、可能性のある技術に道を閉ざすべきでないと宣言に反対した日本や英国、韓国などは研究を進める方向である。

またマウスなどでクローン胚を子宮に戻したクローン動物では何らかの異常が見つかっており、クローン胚そのものに問題があり、クローン胚の人への応用を考えるのは時期尚早との声も根強い。

第二章　高齢社会の諸問題

一　高齢者医療と介護

高齢者医療と介護はほとんどすべての人が遭遇する問題です。高齢者が考えるべき問題であって、若者には関係がないと言われることもありますが、その医療を迎える時期が早いか遅いかの違いだけであり、全世代で自分の問題として真剣に考えるべきです。この高齢者医療と介護は非常に幅が広いテーマであり、たんに医療だけで解決できる問題ではなくなってきております。老人病院に代表される医療だけで解決しようとしてきた時期も昔はありましたが、いまではとても手に負えなくなってきています。介護、看護、いわゆる福祉をトータルにみなくては解決できない問題なのです。

二十一世紀――死亡数急増時代

厚生省による一九九二年の年齢・階級別死亡数の推移と予測を示した図を見ますと、一九五〇年、いまから五十年以上前は、全死亡者数の中で七十五歳以上で亡くなる方というのが非常に少なかったことが分かります。〝老人〟を何歳で区切るかというのは、いろいろな説があります。たとえば仮に六十五歳で区切るとしますと、この一九五〇年ですと、六十五歳以上で亡くなる方は三〇％程度になってしまいます。

というのも、このころはまだ新生児医療（周産期医療）が発達していなかったのです。いまの若い方は赤ちゃんが無事に生まれて無事に育つことは当たり前だと思っておられる方が多いでしょうが、日本でも五十年程前は決してそうではなかったのです。とくに未熟児は非常にリスクが高かったのです。

一九七六年鹿児島で生まれた五つ子ちゃんのことを覚えておられますか。当時、未熟児で生まれた五つ子を救うのは大変だったのです。病院の全勢力を挙げて、医師、看護師、スタッフ全員が体力の限界まで必死で取り組んでおられました。そのころからようやく新生児医療が機械、技術の発展とともに急激な発達をしました。いまでは八〇〇グラムとか七〇〇グラムの新生児でも無事になんの障害もなく育つことが可能になり、新生児医療は以前では考えられないくらい劇的な進歩をみせています。

最近の日本の平均寿命というのは非常に高く、女性の方で八十五歳以上となっていますが、これは高齢の方がますます長生きできるようになっただけではなく、周産期、つまり新生児とか赤ちゃんのころに亡くなる人がガクンと減ってきたことが大きく関与しているのです。一九九三年頃には、〇歳から四歳までで亡くなる人数は一九五〇年頃と比べると激減しています。要するに、五十年前と死亡構造がまったく変わってしまったということです。そして二〇一〇年頃に六十五歳以上で亡くなる人数を計算してみれば、なんと九〇%になります。一九五〇年頃は六十五歳以上で亡くなる人数は三〇%でした。将来の日本の死亡者数は、ますます高齢者の比率が高くなります。

現代では、人は高齢になって亡くなることが当たり前となってきました。しかし欧米でも日本でも、つい最近まで医療問題や栄養状態や衛生問題で赤ちゃんが小さいうちに亡くなってしまうことが多かったのです。たとえば〝はしか〟という病気がありますが、江戸時代ですと、〝はしか〟にかかり生き延びることができたら、「その子は強い生命力がある」と言われたほど、非常に怖い病気だったのです。〝はしか〟は正式には麻疹といいますが、麻疹で命を落とすお子さんが以前は大勢いました。しかし、現代、周りに麻疹で亡くなったお子さんがいると聞かれたことはまずないでしょう。予防接種の効果や環境の改善などさまざまな理由が考えられます。日本の、社会構造や経済の変化に伴い、日本人の死亡構造あるいは構成が大きく変わってきていることがわかります。

この変化は外面的な構造の変化のみならず、日本人の内面にも及んでいます。一九五〇年代までは、「長生きしたい」というのが日本人の思いであり、願いだったわけです。長生きして孫の顔を見たい、それが無理なら自分の一番下の娘が結婚する姿を見たい。現在の私たちからみればほんのささやかな願いと思えることでも、なかなか実現できなかったのがつい最近の日本の状況だったのです。私が小さいときですら、曾孫を見ることはなかなか難しかったのですが、最近では曾孫がいらっしゃる方も結構おられます。

私は四十歳を過ぎたところですが、なんと同級生にもうお孫さんがいるそうです。二十歳で結婚してすぐ赤ちゃんができ、その子が二十歳で子どもを授かれば、四十歳で孫ができるわけです。その同級生は多分に曾孫も見られるだろうと思います。こういう早婚の例だけでなく、自分が長生きできたため曾孫を見ることができた方もどんどん増えています。これは驚くべきことです。昭和三十年代頃は、曾孫の顔を見られる人が大勢いるという状況は考えることもできませんでした。ですから、以前の日本人のように、できれば長生きしたいという感覚から、自分はよほどのアクシデントがない限り、間違いなく高齢者になるというのが人々の生活感覚となってきました。いま二十代、三十代の方は交通事故とかなにか突発的なことがないかぎり、自分は七十代か八十代まで生きるはずだと信じておられるでしょう。だから、年金、貯金、年とったらどういうことをしようか考えるのです。若者が老後について考えるようになったのは、日本でも最近のことなのです。

たとえば、最近戦場となり、社会や経済が非常に荒廃しているアフガニスタンの場合を想像してみてください。アフガニスタンの子どもたちに老後のことを考える余裕はありません。七十歳、八十歳になったらこんなことをしようとか、老後のために貯金しておこうなんていうことは、アフガニスタンの子どもや若者には考えもつかないはずです。いまを生きることで精一杯です。思い起こせば、日本でもつい最近までそういう状況だったのです。このことを理解しておくことはとても大切です。

死を遠ざける日本

二十一世紀になぜこんなに死亡数が急増するかといいますと、団塊の世代が高齢化するということが大きく影響しています。そして、最近日本の死亡構造が変わってきていますが、それに応じて現われてきた新しい現象があります。〝亡くなる場所〟の変化です。具体的にいいますと、病院で亡くなるか、自宅で亡くなるかということです。

一九五〇年では約九〇％近くが自宅で亡くなっていました。病院で亡くなる方は約一〇％だったのです。それが、一九九三年では病院等で亡くなるのが七七％。いまはこの比率がもっと上がって、八割以上になってきています。一方、自宅で亡くなる人はどんどん減ってきています。わずか五十年の間に劇的な変化を示しています。若い方の中には、おそらくいままで「人が亡くなるのを見たことがない」という人もいらっしゃるのではないでしょうか。おじいちゃんやおばあちゃんを家で看取るという経験をされた方も、ものすごい勢いで減っているのではないでしょうか。自宅で看取るということが希有といいますか、非常にまれになっているのです。

たとえば体の具合が大変悪く、入院しておられるおじいちゃん、おばあちゃんのところへお孫さんをお見舞いに連れていこうとすると、「あんなおじいちゃんやおばあちゃんの姿を見せたら孫がショックを受ける」と言って見せないケースが増えています。亡くなってからはじめて、極端な場合には、お葬式のときはじめて祖父母の遺体を見る場合も決してまれではなくなっています。つまり人の死というものを遠ざけよう、とくに小さいお子さんには見せないでおこうという傾向が日本人には非常に大きくなってきているわけです。

私はこのことは決してよいことではないと思います。死というものを周りから遠ざけよう、あるいは隠そうとするというのは、こころの発達や子どもの教育にとっても決していいことではないと思います。

上智大学の教授だったデーケン先生もよくおっしゃっている「デス・エデュケーション」（死への準備教育）が最近注目されているのは、そのような「死を遠ざけようとする風潮」に対するアンチテーゼという面もあるからです。死をあまりに遠ざけたり隠そうとしたりすると、自分が生きているという実感が出てきません。生と死は裏腹です。これは仏教では「生死《しょうじ》」といって、決して生と死というものを対立するものとしては考えない。あるいはまったく違うものとも考えない。生と死は表裏一体であるという「生死」という考え方は、決して抽象的な思考から生まれたものではなく、具体的に現実をあるがままに見ることにより培われた考え方です。

私たちはこの世に生をうけた瞬間から死に向かって歩みはじめます。まさに生があるから死があり、死があるからこそ生があるといえるでしょう。そう考えれば生と死を別々に考えるのではなく生と死を一つのものと考えることが、いのちの重みやいのちの尊さを感じ取ることにどれだけ大切であるか量り知れません。その生と死を一つのものとみる視点の欠如が、最近の日本の凶悪犯罪とか幼児虐待といった問題に少なからず影響を及ぼしているのではないかと思います。死というものを見たことがなければ、死というものが想像できないでしょうし、生という実感もなかなか沸かないのではないでしょうか。

すぐ手首を切ってしまうリストカット症候群で苦しみ悩んでいる若者が、最近急増しています。彼らの抱えている問題にはいろいろな背景があって、一筋縄ではいかないのですが、ただ割合共通してみられるのが、彼らには生きているという実感がないことです。自分の体であって自分の体でないような感覚を持っている方が多いわけです。自分の痛みというものがなかなかわからない。だから、平気でリストカット、手首を切ってしまうということがあるわけですね。自分の体を実感することはだれにでもできるようで、実はなかなか難しいことなのです。人間は自分の愛する人や大切な人を亡くしたり、病気などで自分の死を意識するようになって、徐々に徐々に自分の体の大切さや愛しさを、自覚できることもあるのではないかと思います。

自宅ではなく、病院で亡くなる人が非常に増えてきているわけですが、でもよく考えてみてください。これだけ高齢者で亡くなる人が増えているのに、病院というのはほとんど数が決まっているわけです。医療費を抑えるために厚生労働省もベッド数を抑える方向に動いており、ベッド数はほとんど増えていないわけです。となると当然、差し引きすれば明らかですが、みなさんが亡くなるときに、みなさんが病院で亡くなることができるかということがあるわけです。つまりなかなか病院に入れないかもしれない。わかりますか。これはもう間近に迫っているのです。みなさんは悪くなったら病院に入院して病院で死のうと思っておられるかもしれませんが、病院に入ることもこれからはどんどん厳しくなってくる状況があるのです。そうすると、これからは嫌が応でも「在宅死」ということを考えなくてはいけない時代に入ってくるわけです。在宅死、自宅で死ぬということです。自分の家で死ぬ、自宅で死ぬということが必要であり、そうせざるを得なくなってくる時代がもう来ているのです。

介護とは

亡くなる前の段階には私たちは、程度の差とか個人差はありますが、必ず周りの方から援助を受けなくてはいけない段階に入ります。これが介護ということです。突然死するとか、事故で突然亡くなってしまうというケースは別として、ほとんどの人が介護を受けなくてはいけないことになるわけですが、この数がものすごい勢いでふえているわけです。一九九六年では介護を必要とする方は一〇〇万人ぐらいでしたが、これが今から十年後には四〇〇万人ぐらいに膨れ上がるだろうといわれています。つまり介護を必要とする人が四倍ぐらいに増えるだろうということです。また八十歳以上の高齢者は一九九〇年は三〇〇万人だったわけですが、これが二〇二五年、あと二十年もすれば一〇〇〇万人になると言われているのです。この八十歳以上の方が、一〇〇〇万人になるというのは驚くべき数字なのです。残念ながら寝たきりとか認知症の発生率というのは、八〇歳で大体一〇%前後なのです。これが八十五歳になるとぐっとふえて二〇%以上になるのです。私も病院で診察して思うのは、八十歳前後は自立されていて元気な方が多いのですが、八十五歳を過ぎると急に体力が落ちて介護を必要とするケースが多いのです。この年代は人間の体力の一つの限界点であるといえるかもしれません。いわゆる寄る年波には克てずということで、どんなに元気な方でもやはり八十五歳位になりますと、非常に体全体が弱ってくるわけですね。ですから、今後ますます介護が大変重要になってくるわけです。その介護の問題に少し触れたいと思います。

変化する介護

昔を振り返りますと、一九六一（昭和三十六）年に国民皆保険制度ができました。みなさんが日本で医療を受ける際には、保険証があれば平等に医療を受けられるサービスがあります。アメリカは国民皆保険ではありませんから、お金を持っているか持ってないかで医療を受けられるか受けられないかが決まります。アメリカの歴代の大統領は、もっとも重要な政策の一つに、保険を整備して、できれば国民皆保険を導入したいと考え、チャレンジするのですが、ことごとく失敗しています。ですからアメリカの医療は前章で述べたように、かなり破綻している状況なのです。貧富の差で医療サービスの度合いが違う、それどころか医療を受けることができない人もたくさんいるわけです。それがアメリカの現状なのです。

日本の一九六一年というのは高度経済成長の時代にもうすでに入っていましたから、財政的に余裕が生まれ、こういった制度が可能になったわけです。

そして二〇〇〇年に介護保険を日本は導入しましたが、これはアメリカやヨーロッパの国から見ると、驚くべきことなのです。日本は二〇〇〇年には完全にマイナス成長です。バブルが崩壊して経済は借金だらけの段階でまたもう一つ公的な保険制度をつくったというのは、欧米の専門家は驚くべきことだと、信じられないと言われるのです。つまり日本は公的保険制度を二つ持っているわけですから、これはすごいことなのです。たしかに、いまの介護保険というのはさまざまな問題点があり、私から見てもまだ十分ではない制度であると思いますが、まず制度を立ち上げ試行錯誤を繰り返しながら、より良い制度に築きあげることは非常にすばらしいことだと思います。

この介護保険というのが必要になってきた理由は、日本の社会構造が変わってきたからです。先ほど述べましたように、昭和二十〜三十年代は日本人の寿命が短かったのです。そのときの親孝行の感覚というのは現代とは違っていました。昭和三十年代あるいは二十年代後半の親孝行というのは、親がまだ元気な時に楽しみを与える、たとえば旅行に行ってもらう、なにかを買ってあげる、これが親孝行だったわけです。しかし、子どもが大きくなって、二十代、三十代となり、一人前にお金を稼ぐころになると、親はそのときは亡くなってしまうケースが当時は多かった。それで昔から親孝行したいときには親はなしと言われたわけです。親孝行したいなと思ったときには、親は亡くなってしまっている。

小津安二郎監督の「東京物語」という映画をご存知ですか。若い人はご存じないでしょうか。あらすじを簡単にお話しますと、笠智衆の演ずる父親が夫婦で息子さんのいる東京に遊びに行ったのですが、そこで〝あまり長くいてもらっても困る、お金もいろいろかかる〟という感じで、冷たく扱われ、失意のもとに広島に帰られる。長旅の疲れもあったのか、帰ってからあっという間に妻は脳卒中で亡くなってしまうのです。その当時の日本を見事にあらわしています。介護とか看病するまもなく、ばたばたっと脳卒中で亡くなってしまうというのがその当時の日本だったわけです。

それでは長命社会となったこの現代での親孝行とはなにか。昔のようになにかものを買ってやることでもないし、子どもと同居することでもないのです。子どもさんと同居したいと思っている人はそうは多くはないのです。

ある女性が、「先生、私ね、絶対長男とは同居したくないのです」とおっしゃるのです。いま、日本では、娘さんが結婚して家を出ても、ある程度年を取ったら娘さんの近くに引っ越して、娘さんに世話をしてもらいたいという希望がものすごく増えているのですよ。長男と同居して、お嫁さんに世話をしてもらいたいという人は少ないのです。「お嫁さんには気を遣う、しかも長男は結婚したらお嫁さんに取られるというか、お嫁さんの言うとおりに動くから当てにならない」とおっしゃるのです。「元気なうちはお父さんと私二人でやっているから、若い人は頑張って仕事しなさい」と言われる人でも、こころの中では「もし体が弱ってきたら、無理して同居してもらわなくてもいいけど、できればお世話や介護はしてほしいな」という気持ちが隠れていることが多いのではないでしょうか。そうすると、現代の親孝行はなにかというと、親がかなり年をとって弱ってから介護すること、介護してあげることになってきているのです。

いまの六十歳から七十歳代の方はお金を持っておられます。年金ももらっておられるし、貯金もあるから、子どもさんからお金をもらえなくても、自立して生活できています。旅行や趣味に使うお金を作り出すのにも苦労しているわけではない。それどころか若夫婦の方がおじいちゃん、おばあちゃんを当てにしていて、お孫さんのお小遣いどころか、マイホーム資金といった大金まで援助してもらっていることが多いのです。若い夫婦の快適な生活を支えているのは、その親世代の財布といえるかもしれません。しかしそのような世代の人も、かなり体が弱ってくれば、やはり子どもに世話してほしいという気持ちが本音ではないでしょうか。そうすると、その世代が八十歳から九十歳代になると、子ども自体が六十歳から七十歳代になって介護しているということが現代の日本であり、これが「老老介護」ということです。

お年寄りがお年寄りを介護する。七十歳から八十歳近い女性が自分のお母さん、九十歳代の母親を介護している。お互いが限界といいますか、倒れそうになるような状況で、今度はお孫さんが介護に乗り出さざるを得なくなったりする。そのうちお孫さんも結構年を取り、六十歳代になってきたら、これは老老介護になります。もうそんな状況になってきているわけです。日本というのはみなさんの想像を超えるぐらいものすごい勢いで高齢化社会というより高齢社会になってきているわけです。

介護の社会化

しかしこのような高齢社会となり介護を社会全体で考えなくてはいけない現代に、まだ介護神話というか、介護の誤解があるわけです。いまでも介護というのは女性がするもの、介護は家族の仕事であって、昔の日本では家族がお年寄りを手厚くお世話をしたという人がいるわけです。政治家の中でも以前、家族の美徳だとか、そのようなことを言っていた人がいます。これは介護の誤解なのです。昔の日本のことを話してきましたが、それはなにが言いたいかというと、介護というのは決して古くからある問題ではないのです。実際に一九九四年に厚生省が国民生活白書で「介護は昔からあった困難な問題であると思われがちであるが、実はそれほど古い問題ではない」と言っています。

それには日本人の死亡構造が変わってきていることも寄与しています。つまり、先ほど述べたように、「東京物語」の中でも、おばあちゃんは脳卒中で一週間もたたずに亡くなってしまうわけです。つまり、介護をするまも「あ」も言わぬうちに亡くなってしまう。それに対し現代の日本では寿命が延びて高齢社会になっていますが、生活習慣病の増加とともに寝たきりの方も増えてきています。以前の日本では〝年を取ったら寝たきりになることは当たり前〟ではなかったのです。ですから、明治二十年代、三十年代の人たちがいまと同じように長期にわたり介護をしていたかというと、そうではなく、本当に厳しい介護をしようとしているのがみなさんであり、我々であるわけです。ですから、若い人も決して人ごとではありません。自分も将来介護を受ける側になります。その前に自分の上の世代に対し、介護をしていかなくてはいけないのは我々なのです。

だから、介護保険がつくられたわけです。介護を家族だけでするものではなくて社会としてやろう。これを「介護の社会化」と言います。

現代の日本では、「介護」とは家族だけでするものではなく、介護のプロのケアが中心となり、その上に医療も協力する態勢に変わってきているのです。「介護の問題を人ごとでなく自分自身の問題として受け止めること」がもっとも必要であり、大切なことなのです。

また将来の日本では死亡数が急増するということで、これで葬式が増えるから僧侶の生活が安定するというようなことをおっしゃっている方もいました。決してそうではないのですね。葬式仏教のように宗教をとらえるのではなくて、逆に真の意味で宗教が求められている。つまりみんなが死に向かい合わなくてはいけない。みなさんも私もそうですが、寿命がのびるにつれて死に向かい合う時間がどんどん長くなるわけです。自分が老いて病んでいく中で「老病死」というものを自分が受け止めていかなくてはいけない期間がどんどん長くなっている。その中で宗教の必要性が高まっているというふうに、とらえるべきだと思います。

二　尊厳死と安楽死

尊厳死と安楽死。これもものすごく大きな問題です。とくに安楽死という問題は世界でも非常に大きな問題になってきていまして、たとえばローマ法王を中心としたカトリックでは、二十一世紀のもっとも大きな課題の一つであると言っていますし、実際そうだと思います。いま世界中でも安楽死の問題というのは、脳死・臓器移植の問題よりははるかに活発な議論がされています。この問題も人ごとではなく直接自分にかかわってくる問題であることは間違いありません。

尊厳死とは

尊厳死とは、自分の傷病が現在の医学では治る見込みがなく、死が迫ってきたとき、自ら「死のあり方を選ぶ権利」を持つことを主張し、その権利を社会が認めることを要求する考えに基づいています。尊厳死では患者の人間としての尊厳を保ち、生命の質(Quality of life：QOL)を維持しながら寿命が尽きることが大切であり、たんに延命治療を止めることではないのです。すなわち延命治療の介入なく自己の尊厳を保ちながら、寿命がくれば死を迎えられるような「自然死」を尊厳死と称するのです。治る見込みがない病気にかかり、死期が迫ったとき「尊厳死の宣言書」すなわちリビング・ウイル(生前の意思表示)を医師に提示して人間らしく安らかに自然な死をとげる権利を確立しようとする運動も展開されています(日本尊厳死協会)。

日本尊厳死協会の「尊厳死の宣言書」を読んでみますと、

1　私の傷病が現在の医学では不治の状態であり、すでに死期が迫っていると診断された場合には、いたずらに死期を引き延ばすための延命措置は一切お断りいたします。

2　ただしこの場合、私の苦痛を和らげる措置は最大限に実施してください。そのため、たとえば麻薬などの副作用で死ぬ時期が早まったとしても一向に構いません。
3　私が数ケ月以上にわたっていわゆる植物状態[註4]に陥ったときは　一切の生命維持装置はとりやめてください。以上、私の宣言による要望を忠実に果たしてくださった方々に深く感謝申し上げるとともに、その方々が私の要望に従ってくださった行為一切の責任は私自身にあることを付記いたします。

となっています。このリビング・ウイルとは生前発行遺言、つまり生きている間に遺言が効果を発する宣言書なのです。

たしかに死期が近い患者さんや、植物状態の患者さんの人間性を無視しないように治療することは「患者の人権」を尊厳する立場からは極めて大切です。この尊厳死とは、患者さんの自己決定権を最大限に尊重した考えであることを忘れてはいけないと思います。アメリカでは一九七六年カレン・クインラン事件[註5]をきっかけとし、カリフォルニア州で自然死法が制定され、リビング・ウイルが実際の法律に取り込まれました。一方、日本ではなんら法制化されていないのが現状です。

安楽死とは

尊厳死と安楽死は混同されがちですが、その違いについて日本尊厳死協会の説明を引用します。「安楽死は第三者が苦痛を訴えている患者さんに同情して、その患者さんを『死なせる行為』です。それに対し、尊厳死は不治かつ末期の患者本人の『死に方』のことで『死なせる』こととは違います」。

一九九一年に東海大学安楽死事件がありました。塩化カリウムを医師が注射して死に至らしめて捕まった事件です。その後、一九九五年に横浜地裁で医師による積極的安楽死を認める例として以下の四条件が提示されました。

1　患者に耐えがたい激しい肉体的苦痛が存在すること。
2　患者の死が避けられず、死期が目前に迫っていること。
3　患者の肉体的苦痛を除去、緩和するために方法を尽くし、他に代替手段がないこと。
4　生命の短縮を承諾する患者の明示の意思表示があること。

この四つだと言っています。

このように安楽死の条件が比較的わかりやすく提示されたにもかかわらず、最近では横浜のぜんそく患者に対する事件など安楽死事件は後を絶たないのが現状です。しかも報道される安楽死事件の多くはこの四条件を満たしていなかったのではないかと思われることも少なくありません。

たとえば森鷗外に「高瀬舟」という作品があります。弟が苦しんでいるのを見ていられないので兄が弟を殺したという内容です。これは安楽死に当たりません。なぜなら弟は自ら「僕を殺してくれ」と言っていないのです。兄が弟を見ていて、苦しんでいてかわいそうだから、見ていられないから殺したわけです。これは法学的には「慈悲殺」といいます。日本はいまでも「高瀬舟」のような慈悲殺を安楽死と一緒にして議論している場合があり誤解を与えます。

尊厳死も安楽死も、欧米で生まれた概念ですが、個人の自己決定がなにより大切なのです。脳死・臓器移植でも言いましたように、自己決定していくことが絶対必要です。自分の明確な意思表示が必要なのです。本人の意思表示がなければ殺人罪に問われてしまうわけです。最近の安楽死事件でもなにが一番問題かというと、本人の明確な意思表示がなかったことです。もし本人の自己決定なしで安楽死を行えば、やはり殺人罪に問われる可能性があるのです。

終末期の判定のむずかしさ

さらに尊厳死・安楽死の条件としては、患者さんに死期が迫っていることが絶対に必要になります。この死期が迫っていること、すなわち終末期の判定ほど難しいことはありません。

参考までに末期の医学的定義を述べてみますと、末期とは現代医療において可能な集学的治療の効果が期待できず、積極的治療がむしろ不適切と考えられる状態で、生命予後が六ケ月以内と考えられる段階であり、ターミナル前期、中期、後期、死亡直前期の段階に分けられていて、それぞれ予後が六ケ月～数ケ月、数週間、数日、数時間とされています。

このような定義がありますが、人の寿命はわからないものです。がん患者さんの家族に、「先生、あとどれぐらいの命ですか」と聞かれることがよくありますが、「あと六ケ月ぐらいです」とお答えしても、そのとおりに亡くなられるケースはほとんどありません。これは残念ながら本当にわからないのです。

人間のいのちというのは非常に複雑なものであり、すばらしいものですから、私たちの予想をはるかに超えるようなことが起こるわけであって、予想が外れることも少なくありません。「あと一年大丈夫ですよ」と言って一ケ月後に家族が亡くなったらみなさんどう思われますか。医者や病院がなにか悪いことをしたのではないかとなりませんか。ですから、大概どの医者も、「大丈夫です」と簡単に言えないのですね。やはり少し厳しく言うケースが多いわけです。逆に、本当に厳しい状態であると考えられる場合でも、いのちを長らえられる患者さんがたくさんおられます。ですから、この終末期の判定、患者さん一人一人の余命判断や生命予後を正確に判定することは非常に難しいというより、ほとんど不可能といっても差し支えないのです。

だから安楽死の問題も難しくなるわけです。この人が本当に死ぬ間際なのかどうかというのは、医者でも判定が難しいのです。

自己決定は万能か

「自分は安楽死したい」「苦しい思いをするぐらいなら安楽死したい」と思っている方はかなりおられると思います。安楽死あるいは尊厳死の場合も同じですが、患者さん本人の自己決定が重要であり、重視すべきことは間違いないのですが、「自己決定がなによりも優先される」とは言えないと思うのです。自分が決定すれば、それで死んでもいいかということです。

自分の死といえども、自分だけでなく、家族や周囲との関わりは避けることができないものではないでしょうか。自分が死に直面した時こそ、それぞれの相手の立場に立つことが大事なのではないでしょうか。個人の死というのは社会との関わりを避けることはできないのです。人のいのちはその人だけのものではありません。一人のいのちが、一人の死がどれだけ周囲に影響を及ぼしているかを知ることが大切です。人のいのちや死は孤立しているのではなく、お互いに共鳴し、共感しているものではないでしょうか。

生と死

患者さんの側で問題になることは、「死にたい」「死にたい」と死ぬことばかり頭にこびりついて周りが見えていないことです。自分がもしも突然死んでしまえば、「家族がどれほどショックを受け、嘆き悲しみ、落胆するか」といったことが考えられなくなってしまいがちです。

家族の側でよく問題になるのが、「患者さんの苦しむ姿が見てられないから、先生なんとかしていただきたい」とおっしゃるケースです。しかし、患者さんが苦しそうだから、死にたいと必ず思っているかといえばそうではありません。厳しくいえば、家族が患者さんの苦しそうにしている姿を見ることがつらいだけであって、患者さんの現実を直視できていないことが多いようです。

患者さんはこころの奥底で「生きたい」「生きたい」と思っているのです。本当にそうなのです。患者さんの「死にたい」「死にたい」ということばの裏には「生きたい」「生きたい」という気持ちが隠されているのです。これが人間の本質なのです。本当に死にたいと思う人は少ないのです。痛みが治まり落ち着けば、少しでも「生きたい」と思うのが人間なのです。

真のターミナルケアを目指して

医師でも死ぬ直前のことばかりを考えてしまうと、死ぬ直前に延命処置をして生を長らえるか、それとも安らかな死を迎えるか、といった不毛の議論になってしまうことがあります。それは死の瞬間、ポイントだけしか見ていないためです。

死というものはプロセスなのです。同様に、生きているということもプロセスです。死も生も、どこからが死であって、どこからが生であるかというのはわからないのです。私たちは生まれた時から死を背負って、死に向かって歩み続ける存在です。しかしそのことに気づこうとはしないし、気づきたくもないのが私たち人間です。そのために私たちは生が「延命」であり、死が「安らかな死」と思い込んでしまい、「延命」か「安らかな死」かといったように生と死を対立するものと考えてしまいがちです。そうではなく生と死は表裏一体であり、「死」を自覚するようになってはじめて「生」が輝いてくるということもあるわけです。

生と死はプロセスであり、このプロセスを大切にすることが人生であるという視点をもてば、真のターミナルケア（終末期医療）というのは「安らかに死んでいくこと」ではなく、「人間らしく生きた」ということなのです。プロセスを大切にし、人間らしく生きるためには、周囲との関係が非常に大事になってくるのです。

ただ、この思いは仏教的な、私たちが培ってきた感覚なのかもしれません。日本では昔から人と人とのつながりや関係性を大切にしてきました。しかし欧米では個人、個というものを重視していますから、欧米化した現代社会のさまざまな場面で摩擦が生じています。個を重視することは人権を守るという観点からいっても重要であることはいうまでもないのですが、それが極端な方向に走り出せば自己決定していればなんでもＯＫという、なんでもありの社会になる危険性もないとは言い切れません。そうならないためにはバランスの取れた考え方が必要であり、思い込みには十分注意が必要です。

たとえば患者さんが「死にたい」「死にたい」と言ったときに、この患者さんは死にたいと思っているから安楽死を考えようと単純に思い込むのではなく、本当にその人は「死にたい」と思っているのか、そのことばの裏に「生きたい」という気持ちが隠れていないか深く相手のこころをみつめ直すことが大切です。それには患者さんの気持ち、体の叫び、こころの叫びをしっかりと傾聴 listen することが非常に大事なのです。ただ、無用な苦痛 pain、たとえば身体的な苦痛は当然取り除かれるべきで、麻薬等を使ってしっかり痛みをコントロールしなくてはいけません。

しかし、人間の苦痛というのは身体的な苦痛だけではないのです。心理的な苦痛や、社会的な苦痛もありますし、あるいは最近、スピリチュアルな苦痛、スピリチュアルペインが注目されています。スピリチュアルペインにはさまざまな要素があり一言では説明できませんが、人生の意味や生きる目的への問い、死への不安といったこころの奥深いところに根ざした苦痛といえましょう。身体的・心理的・社会的・スピリチュアルな苦痛を総合的にとらえて患者さんに対応していこうとする全人的ケアがいま、望まれています。

患者さんの中には、亡くなる前に神々しいばかりの姿になられる方がおられます。真の人間の優しさとか、人が持つすばらしさを我々に教えてくださることがあるのです。これは経験すると、一生忘れることはできません。いまでも思い出すたびに、患者さんに「いのちの大切さや、尊さ」を教えていただいたと強く感じます。また一方、私たち医療者は患者さんに「もっとなにかできることはなかったか」という後悔の念も持ち続けています。亡くなっていかれる方に対して、私たちができることはなにもないのです。もし終末期医療でできることがあるとすれば、十分な疼痛ケアに加えて、患者さんのこころに寄り添うことです。患者さんのこころに寄り添い、傍らに立ち、患者さんとともに生きる意味を探すことができればと思います。

人は死ぬ瞬間まで成長し続ける存在です。だからこそ、そのプロセスを大切にするケアがいま求められているのではないでしょうか。

仏教とは

安楽死は一九九九年にアメリカのオレゴン州で、オランダ、ベルギーでも二〇〇二年に法律として認められました。とくにオランダではかなりの数の安楽死が実際に行われています。日本でも「安楽死を認めるべきかどうか」ということは、医療だけでなく宗教も含め社会全体でもっと議論すべきです。実際、カトリックを中心として、キリスト教でも安楽死の是非についてものすごい議論が沸き起こっています。

みなさんも私もそうですが、自分が本当にがん患者になり、たとえば痛みが非常に強いとき、そのときに自分はどうするべきか、自分自身の問題として考えていかなければいけないのです。自分自身の死を見つめることは、仏教の究極の課題です。人ごとではなくて自分自身の問題として、現実の問題として考えていかなくてはいけない。仏教を抽象的に考えるのではなくて、自分自身の問題として具体的に考えていただく。観念的・抽象的に仏教をとらえてしまうと、仏教は仏教でなくなってしまう、と私は思います。仏教をベースにしたビハーラも具体的な活動を実際の現場で行うことだと思います。医療という現場、介護という現場、あるいは寺院という現場、その現場の中で自分自身がまず具体的に動いてみる。その中で仏教というものを実践していただく。そこに仏教の持つすばらしさがあると思うわけです。

註4　植物状態

なんらかの原因で意識を失い、患者がほとんど眠り続けており、自発的に何かをすることはないが、呼吸中枢のある脳幹や自律神経系などは正常であるので、自発呼吸をしており、血液循環、消化吸収や排尿排便もある。また無意識に目を開けたり閉じたりすることや、口の中に飲み物などを入れると反射的に飲み込むこともある状態になる。三ケ月以上この状態が続くと「植物状態」という診断がつけられる。

この植物状態が半年以上も続いて、意識の回復する望みがほとんどなくなったら「持続的植物状態 persistent vegetative state」と呼ばれるようになる。

脳死と混同されることもあるが、脳死は「脳幹を含む全脳の機能が不可逆的に停止」と判定された状態であり、明らかに両者は異なっている。

註5　カレン・クインラン事件

一九七五年アメリカでカレン・クインランという二十一歳の女性が薬物中毒で持続的植物状態になった。その父親が「自然の死を迎えさせたい」と、自分を後見人にして人工呼吸器を取りはずす権限を与えてくれるように、裁判所に申し立てた事件をいう。翌年、ニュージャージー州最高裁は後見人と家族は権利を行使できると、生命維持装置の取り外しを認めた（取り外した後、カレンは九年間生存した）。この事件を契機に尊厳死を認めたといわれる「カリフォルニア州自然死法」が成立した。

三　医療と仏教

私の専門は糖尿病ですが、西本願寺に勤めるというご縁をいただいてから、医療と宗教の関わりについて考えるようになりました。最近、「全人医療」が医療の中で非常に注目されています。身体的な苦痛だけではなく、心理的な苦痛、社会的な苦痛、あるいはスピリチュアルなものを含めて、トータルに全人的に人間を見ようという医療ですが、臨床の場でも非常に注目されています。

ある大学で全人医療についての研究会があり、そこで講演をさせていただいた際、「ホスピスをご存知の方は手を挙げてください」と聞きましたら、ほぼ一〇〇％の人がご存知でした。次に「ビハーラをご存知ですか」とたずねましたら、残念ながら一人もいなかったのです。「ビハーラ」というのはまだまだ日本の中で認知されていないのが現実です。別の研究会で「ビハーラ」について話しますと、ある教授が、「日本のターミナルケアは『ホスピス』だけでなく、『ビハーラ』も大切ですね」と言ってくださいました。

ビハーラとは

ビハーラ vihara とはサンスクリット語で「精舎・僧院」「身心の安らぎ・くつろぎ」「休息の場所」を原意とします。

一九八五年（昭和六十年）田宮仁氏が仏教を背景としたターミナルケアの考え方を提唱し、その施設を「ビハーラ」と名づけました。

従来、ターミナルケアおよびその施設は「ホスピス」と呼ばれ、仏教を背景としたターミナルケアにも「仏教ホスピス」という名称が使われてきましたが、宗教的立場を明確にするため「ビハーラ」と名づけられたものであり、仏教の各宗派を超えた施設です。

ビハーラの今後

私も本願寺とご縁をいただいて以来、ビハーラについて真剣に考えるようになりました。たしかにターミナルケアの問題はビハーラ活動にとって大きな課題であることは言うまでもありません。しかし私はターミナルケアだけでなく、糖尿病などの生活習慣病のプライマリケアにおいても、仏教の考えやビハーラの考えは今後ますます重要になってくると思います。また医療だけでなく、看護や介護、あるいは心理といった分野においても仏教の考えやビハーラが応用され広まることが望まれ、期待されていると思います。ビハーラをホスピスの仏教版というふうに考えるのではなく、現場を基盤とした総合的な社会活動ととらえるべきではないかと考えております。

ホスピス・緩和医療とは

ホスピスは一九六七年にイギリスで発祥しました。キリスト教の教会を中心とした地域運動が背景にあります。「死」を否定的にとらえ延命を重視してきたこれまでの医学に対して、ホスピスは「死」は避けることのできない人生の自然な出来事だと考え、末期患者の全人的苦痛をケアし、人間らしい「生」を全うすることを援助しています。

ホスピスが世界的に広がる中で、苦痛の緩和に関し、とくに医学的なアプローチを中心にした緩和医療の必要性が高まり、緩和医療学が発展してきました。ＷＨＯの定義によると緩和医療とは、

治癒を目的にした治療に反応しなくなった患者に対する積極的で全人的なケアであり、痛みや他の症状のコントロール、精神的、社会的、スピリチュアルな問題のケアを優先する。緩和医療の目標は、患者と家族のＱＯＬ（Quality of life 生活の質）を高めることである。緩和医療は疾患の初期段階においても、がん治療の過程においても適用される。

とあります。

現在ホスピスと緩和医療は「苦痛の緩和」という共通の課題に対して協力して対応するようになっております。

ホスピス・緩和ケアの基本的な考え方は以下の五項目があげられています（「緩和ケア病棟承認施設におけるホスピス・緩和ケアプログラムの基準」一九九七年）。

1　人が生きることを尊重し、だれにも例外なく訪れる「死への過程」に敬意をはらう。
2　死を早めることも死を遅らせることもしない。
3　痛みやその他の不快な身体症状を緩和する。
4　精神的・社会的な援助を行い、患者に死が訪れるまで、生きていることに意味を見出せるようなケア（スピリチュアルケア）を行う。
5　家族が困難を抱えて、それに対処しようとするとき、患者の療養中から死別した後まで家族を支える。

北欧ではホスピスというものがほとんど普及していません。スウェーデンなどの北欧の国々はもともと福祉が非常に発達しており、地域社会で医療と福祉の連携が大変密になっていますから、あえてホスピスを持ち出さなくても、終末期医療が円滑に行える体制になっているのです。国によって違うのです。だから、私は日本でも、日本人に合った、日本人の特質を生かしたさまざまなケアができるのではないかなと思うのです。日本人の考えや生活の中にこれほど深く入っている仏教を生かさない手はないと思っております。

生老病死

医療と仏教の共通点は両方とも生老病死を課題としているところです。ところが現代の日本は、生きているうちは医療で、死んでからは仏教にお任せという姿がほとんどです。これは悪い意味で「葬式仏教」というとらえ方をされやすいのです。生きた仏教のめざすところは「自分自身を見つめなおし、具体的な行動に移す」ことだと思います。僧侶が葬式以外に力をいれないとしたら問題です。しかし葬儀や法要の意義についてはこれからもっと見直されるべきだと思います。

最近、愛する人や大切な人を亡くした方を支え、援助するケア、グリーフケアが世界的に注目されています。葬儀や法要はグリーフケアを実践する場としてもっと活用されるべきでしょうし、そのためには僧侶が形式的に、儀礼的に法要を勤めるのではなく、遺族のこころに寄り添い、心理的な、スピリチュアルな支援ができる法要を勤められるよう努力すべきだと思います。

現代医療は疾病の治癒（キュア）が目的です。すなわち老病死をいかに防ぎできるだけ遠ざけようと考えるのが現代医療の姿なのです。それに対しケアの考えを重視する看護や介護は老病死を切り捨てるのではなく、老病死は人生にとって欠くことのできないことであるとする立場なのです。現実の人生をあるがままに直視すれば、生老病死はバラバラに存在しているのではなく、全体でひとつのいのちであることが真実ではないでしょうか。その視点にたてば、医療＝キュアととらえるだけでなく、医療にもケアの考え方をもっと取り入れる必要があると思います。

いのちのゆくえ、医療のゆくえ

脳腫瘍で亡くなられた鈴木章子さんが引き算の人生から足し算の人生へとおっしゃっていました。「あと何日しか生きられないからこそ、期間の長い短いにとらわれず、今を充実して生きることが大切だ」と。老病死という、老いること、病むこと、死ぬことをできるだけ遠ざけようとする考えが過ぎれば、健康な人は生きる価値がある、病む人や老いた人は生きる価値がないといった価値観のみで判断する世の中にならないとも限りません。「生きる価値」という考え方だけに重きを置くのではなく、人生において「生きる意味」を見出すことが大切だと思います。

人生にとって生老病死は大きな意味があります。そして老病死を受け入れ、それとともに生きることが人生ではないでしょうか。この視点からもう一度いのちを、医療を見つめ直すべきだと思います。

高齢者医療と介護というのは、別々に考えるべきではありません。よく医療と介護を対立するものと考え、「医療がここで終わったから次は介護の出番です」と話す方がいますが、そんなに簡単に医療と介護を分けられるわけはないのです。やはり介護の中に医療が必要になってくる場面もあるし、逆に医療の中に介護的な要素、発想が大事になってくることもあります。すなわち、高齢者医療と介護というものはお互いが密接に関連している。その中に尊厳死あるいは安楽死といった終末期医療の問題も当然絡んでくる。またその中に宗教の問題も必然的に関係してきます。

今回述べたことはすべてが絡んでくる、非常に大きな問題です。この本を、みなさんが考えていただく一つのきっかけにしていただければ幸いです。

おわりに

私は滋賀県の田舎にある浄土真宗寺院の長男として生まれました。父は寺の裏で小さな内科医院を開業していました。私は幼い頃から、泣き叫ぶ赤ちゃんや、お年寄りを診察する父の姿を見ながら育ちました。もう四十年以上も前のことになりますが、その頃は今と違って医療と地域がもっと密接にかかわっていたような気がします。子どもの数も多く、小さな待合室は子どもと大人でいつも一杯でむせ返るような熱気がありました。交通手段もまだ車が一般的なものではなく、大きなショッピングセンターや病院へ手軽に行くことはできませんでした。その代わり小さなお店屋さんや医院、お寺などが核となって地域がしっかりまとまっていた気がします。その後、高度成長時代の到来とともに、地域社会は大きな変貌を遂げました。都市への人口集中が進むにつれ、地方はどんどん過疎化が進行しました。車は一家に一台が当たり前となり、人の流れ、物の流れがますます加速度を増し、伝統的な文化や行事は時代遅れと敬遠されるようになりました。医療も社会の変化とともに、大きく姿を変えました。

高度な技術が急速に導入され、人と人との対話や、ふれあいの医療から、客観的なデータ重視の器械中心の医療へと変化してきました。この現代医療の進歩のおかげで、以前なら手のつけられないような感染症やがんなどの疾病の治療成績は向上し、国民の平均寿命は世界一となりました。しかし一方で、医療者と患者の関係はデータや器械を通したドライなものになってきており、現代医療に対し患者が必ずしも十分満足しているとはいえない状況です。

二十一世紀に入り臓器移植はいうに及ばず、再生医療や遺伝子治療といった高度先進医療も現実のものとなってきます。また高齢化が急激に進行し、終末期医療や介護、さらに尊厳死や安楽死といったことも日本のみならず世界的な問題となっています。このような中で、もう一度現代医療のもつ意義や問題点を深く見つめなおす必要があると私は強く感じました。

その際、どうしても医療者の立場から物事を考えがちですが、できるだけ患者の立場から考えることが重要でしょう。またとくに生命倫理や医療論というテーマでは抽象的、観念的な議論に走る傾向がありますが、より具体的に現場の視点から見つめなおすことが大事であると考えます。医療の現場とはまさに「いのちの現場」なのです。一人ひとりのかけがえのない、「いのち」を扱わせていただいているという、謙虚なこころを改めて持つことが大切ではないでしょうか。

今回、法藏館のご好意により浄土真宗本願寺派ビハーラ活動者養成研修会での医療についての講義を「いのちのゆくえ、医療のゆくえ」という一冊の本にまとめて出版させていただくことになりました。なおできるだけ最新の情報を提示するため「註」としてトピックスについてまとめました。二十一世紀に入り、医療が大きな転換期を迎えている中で、この本がいのちと医療について深く見つめ直す一助になればと思っております。

最後に法藏館の皆様、とくに上別府茂編集長には大変お世話になりました。

二〇〇六年六月

佐々木恵雲

初出

第一章　現代医療の諸問題

原題「医療の基礎知識」、第十五期ビハーラ活動者養成研修会、第一回基本学習会、二〇〇三年六月五日

第二章　高齢社会の諸問題

原題「医療の基礎知識」、第十五期ビハーラ活動者養成研修会、第二回基本学習会、二〇〇三年七月五日

引用・参考文献

佐々木恵雲『いのちの処方箋―医療と仏教の現場に立って―』、本願寺出版社、二〇〇六年
「知っておくべき新しい診療理念」、『日本医師会雑誌』第一三三巻第三号、二〇〇五年
「医の倫理―ミニ事典」、『日本医師会雑誌』第一三四巻第一二号、二〇〇六年
佐藤純一編『一〇〇問一〇〇答　医療のふしぎ』、河出書房新社、二〇〇一年
加藤尚武・加茂直樹編『生命倫理学を学ぶ人のために』、世界思想社、一九九八年
星野一正『医療の倫理』、岩波書店、一九九一年
佐々木恵雲「高度先進医療に向かい合うために―生命倫理からいのちへ―」、『心身医学』第四五巻第一〇号八〇〇～八〇一頁、二〇〇五年
立花隆『脳死』、中央公論社、一九八六年
立花隆『脳死再論』、中央公論社、一九八八年
立花隆『脳死臨調批判』、中央公論社、一九九二年

竹内一夫『脳死とは何か』、講談社、一九八七年
臓器移植制度研究会『脳死判定・臓器移植マニュアル』、日本医事新報社、二〇〇一年
小松美彦、斉藤弘子他『死生学がわかる』、朝日新聞社、二〇〇〇年
「ターミナルケア」、『日本内科学会雑誌』第八五巻第一二号、一九九六年
星野一正『インフォームド・コンセント』、丸善株式会社、一九九七年
加藤尚武『脳死・クローン・遺伝子治療』、PHP研究所、一九九九年
櫛島次郎『先端医療のルール』、講談社、二〇〇一年
佐々木恵雲「グリーフケア—仏教のもつ可能性—」、『心身医学』第四五巻第三号二二三〜二三三頁、二〇〇五年
坂井律子・春日真人『つくられる命』、日本放送出版協会、二〇〇四年
柳澤桂子『いのちの始まりと終わりに』、草思社、二〇〇一年
中村桂子『「生きもの」感覚で生きる』、講談社、二〇〇二年
立川昭二『いのちの文化史』、新潮社、二〇〇〇年
波平恵美子『いのちの文化人類学』、新潮社、一九九六年

『世界』第六九九号、「特集　生命科学の最先端―社会との接点で何が起きているか」、岩波書店、二〇〇二年
中村桂子『生命誌の世界』、日本放送出版協会、一九九九年
アルフォンス・デーケン『生と死の教育』、岩波書店、二〇〇一年
岡本祐三『高齢者医療と福祉』、岩波書店、一九九六年
岡本祐三『医療と福祉の新時代』、日本評論社、一九九三年
柳澤桂子『生命の未来図』、日本放送出版協会、二〇〇二年
柏木哲夫『ターミナルケアとホスピス』、大阪大学出版会、二〇〇一年
田宮仁「ビハーラと仏教福祉」、『季刊仏教』第五一号、法蔵館、二〇〇〇年
平野博『ターミナルケア　私の覚え書き』、北越出版、二〇〇四年

佐々木恵雲：（ささき　えうん）

1960年滋賀県生まれ。大阪医科大学卒業。医学博士。

西本願寺あそか診療所所長、藍野大学短期大学部教授を経て、現在、藍野大学短期大学部学長。大阪医科大学非常勤講師。龍谷大学大学院非常勤講師。総合内科専門医。糖尿病専門医。浄土真宗本願寺派西照寺住職。

主な著書に、『臨床現場の死生学－関係性にみる生と死－』（法藏館）、『いのちの処方箋－医療と仏教の現場に立って－』（本願寺出版社）、『人生からの贈りもの－医療と仏教から見つめるいのち－』（本願寺出版社）、『生死と医療』（本願寺出版社）、『生きる－。〈いのち〉と〈こころ〉を見つめて』（阿吽社）、『新時代の糖尿病学』（日本臨床）、『医療における心理行動科学的アプローチ－糖尿病・ホルモン疾患の患者と家族のために－』（新曜社）、『TEXT　BOOK　女性心身医学』（永井書店）など、その他論文多数。

いのちのゆくえ　医療のゆくえ

二〇〇六年八月一日　初　版第一刷発行
二〇一九年四月一五日　新装版第一刷発行

著　者　佐々木恵雲
発行者　西村明高
発行所　株式会社　法藏館
京都市下京区正面通烏丸東入
郵便番号　六〇〇-八一五三
電話　〇七五-三四三-〇〇三〇（編集）
　　　〇七五-三四三-五六五六（営業）

印刷・製本　株式会社 デジタルパブリッシングサービス

ISBN 978-4-8318-6544-1 C1015